ORDONNANCE DU ROI,

Concernant l'Infanterie françoise.

Du 10 Décembre 1762.

DE PAR LE ROI.

SA MAJESTÉ, voulant à l'occasion de la Paix, expliquer ses intentions sur les régimens de son Infanterie françoise qu'Elle a résolu de maintenir sur pied : Jugeant en même-temps convenable d'en affecter plusieurs au service de la Marine & des Colonies, & leur donner à tous une constitution solide & invariable, qui puisse rendre l'état des Officiers assuré, de manière qu'ils n'aient plus rien à appréhender des réformes à venir; SA MAJESTÉ a ordonné & ordonne ce qui suit :

ARTICLE PREMIER.

LES régimens de Picardie, Champagne, Navarre, Piémont, Normandie, la Marine, Boisgelin, Bourbonnois, *Douze régimens conservés à quatre bataillons.*

Auvergne, Rougé, Chaftelux, & du Roi, feront confervés à quatre bataillons.

I I.

Sept régimens mis à quatre bataillons, au moyen de fept régimens qui y feront incorporés.

LES régimens Royal, de Poitou, Lyonnois, Dauphin, Vaubecourt, Touraine & Aquitaine, feront portés à quatre bataillons, au moyen des régimens que Sa Majefté a réfolu d'y faire incorporer.

SAVOIR;

Sept régimens incorporés.

Le régiment de Cambis dans le régiment Royal.

Le régiment de Saint-Mauris dans le régiment de Poitou.

Le régiment de Nice dans le régiment de Lyonnois.

Le régiment de Guienne dans le régiment de Monfieur le Dauphin.

Le régiment de Lorraine dans le régiment de Vaubecourt.

Le régiment de Flandre dans le régiment de Touraine.

Et le régiment de Berry dans le régiment d'Aquitaine.

I I I.

Vingt-deux régimens confervés à deux bataillons & un à un bataillon.

LES régimens d'Eu, de Rofen, Montmorin, Brique-ville, la Reine, Limofin, Royal-Vaiffeaux, Orléans, la Couronne, Bretagne, Gardes-Lorraine, Artois, Montrevel, Montmorency, la Sarre, la Fère, Condé, Bourbon, Penthièvre, Chartres, Conti & Enguyen, feront confervés à deux bataillons, & celui de Monf. le Comte de la Marche à un bataillon.

I V.

Dix-fept régimens de deux bataillons, & fix d'un bataillon, affeétés au fervice de la Marine.

LES régimens Royal-Rouffillon, de Beauvoifis, Rouergue, Bourgogne, Royal-la-Marine, Vermandois, Languedoc, Aumont, Médoc, Puyfégur, Bouillé, Royal-Comtois, Laftic, Provence, Boulonois, Foix & Querci, de deux bataillons chacun ; & ceux d'Angoumois, de Périgord, Saintonge, Forès, Cambrefis & Tournaifis, d'un bataillon chacun, feront affeétés au fervice de la Marine & des Colonies, & à la garde des Ports dans le royaume.

V.

Noms des Provinces

SA MAJESTÉ voulant donner des noms permanens aux

régimens de l'Infanterie françoife qui n'en ont point , donnés aux régimens qui n'en ont point.
afin d'affurer la connoiffance & la mémoire de leurs
actions, fon intention eft qu'à l'avenir;

Le régiment de Boifgelin, foit mis fous le titre de la *province de Béarn.*

Le régiment de Rougé, fous celui de la *province de Flandre.*

Le régiment de Chaftelux, fous celui de la *province de Guyenne.*

Le régiment de Vaubecourt, fous celui de la *province d'Aunis.*

Le régiment de Rofen, fous celui de la *province de Dauphiné.*

Le régiment de Montmorin, fous celui de la *province de l'Ifle de France.*

Le régiment de Briqueville, fous celui de la *province de Soiffonnois.*

Le régiment de Montrevel, fous celui de la *province de Berry.*

Le régiment de Montmorency , fous celui de la *province du Haynault.*

Le régiment d'Aumont, fous celui de la *province de Beauce.*

Le régiment de Puyfégur, fous celui de la *province de Vivarais.*

Le régiment de Bouillé, fous celui de la *province du Vexin.*

Et le régiment de Laftic, fous celui de la *province de Beaujolois.*

V I.

VEUT Sa Majefté que nonobftant le changement Rang confervé aux régimens changeant de nom.
de noms defdits régimens, ils confervent le rang dont
ils jouiffent actuellement dans l'Infanterie.

V I I.

QUOIQUE les vingt-trois régimens nommés dans Rang & fervice dans l'Infanterie, confervés aux régimens affectés à la Marine.
l'article IV, foient particulièrement deftinés au fervice de
la Marine, des Colonies & des Ports, entend cependant
Sa Majefté que les Officiers qui y ferviront, concourent,
pour leur avancement, avec ceux qui refteront affectés
au fervice de terre , dont lefdits vingt-trois régimens
continueront de faire partie, & parmi lefquels ils conferveront le rang qui leur appartient; voulant Sa Majefté
que dans les circonftances où lefdits régimens ne feroient
utiles ni dans les Colonies, ni dans les Ports, ils foient
employés dans les Armées comme les autres régimens,
qui pareillement ferviront aux Colonies, lorfque ceux

que Sa Majesté y destine plus particulièrement, n'y suffi-ront pas.

VIII.

*Prix
des régimens.*

SA MAJESTÉ voulant établir l'uniformité dans le prix des régimens de son Infanterie françoise, Elle donnera ses ordres pour faire réduire ou augmenter, à mesure que les circonstances le permettront, le prix des régimens qu'Elle a résolu de conserver sur pied, jusqu'à ce que le régiment de Picardie & ceux qui le suivent, jusques & compris le régiment de la Fère, à la réserve de son régiment & de ceux qui ont à leur tête des Princes de son Sang, soient tous à quarante mille livres; & que le régiment Royal-Roussillon & ceux qui le suivent, jusques & compris celui de Querci, soient tous à vingt mille livres.

IX.

*Composition
des bataillons.*

TOUTES les compagnies de Fusiliers des régimens d'Infanterie françoise, seront doublées pour composer les bataillons de neuf compagnies seulement, dont une de Grenadiers & huit de Fusiliers.

X.

*Création
de Fourriers
dans chaque
compagnie.*

VEUT Sa Majesté, qu'il soit établi dans chacune desdites compagnies, un Fourrier, dont les fonctions seront réglées ci-après.

XI.

*Suppression
des Anspessades,
& création
d'Appointés à
leur place.*

VEUT aussi Sa Majesté que le grade d'Anspessade soit supprimé dans toutes les compagnies d'Infanterie françoise, & qu'il soit créé, pour en tenir lieu, des places d'Appointés, dont les fonctions seront aussi réglées ci-après.

XII.

*Composition des
compagnies
de Grenadiers
en temps de paix
& de guerre.*

CHACUNE des compagnies de Grenadiers sera, soit en temps de paix, soit en temps de guerre, commandée par un Capitaine, un Lieutenant & un Sous-lieutenant; & composée de deux Sergens, d'un Fourrier, quatre Caporaux, quatre Appointés, quarante Grenadiers & d'un Tambour.

Les quatre Caporaux, les quatre Appointés & les
quarante

quarante Grenadiers feront diftribués en quatre efcouades, Divifion defdites compagnies par efcouades. de douze hommes chacune, dont un Caporal & un Appointé ; la première & la troifième de ces efcouades formeront la première divifion, à laquelle fera attaché le premier Sergent ; la feconde & la quatrième efcouade formeront la feconde divifion, à laquelle fera attaché le fecond Sergent : la première divifion fera fubordonnée au Lieutenant, la feconde au Sous-lieutenant, ces deux Officiers en rendront tous les jours compte au Capitaine, qui en répondra au Major, le Major au Colonel, & en fon abfence, au Lieutenant-colonel.

X I I I.

L'INTENTION de Sa Majefté eft que les Grenadiers Remplacement des Grenadiers. qui viendront à manquer, continuent d'être remplacés fur le champ par les compagnies de Fufiliers, chacune à leur tour.

X I V.

CHACUNE des compagnies de Fufiliers fera, en Compofition des compagnies de Fufiliers en temps de paix. tout temps, commandée par un Capitaine, un Lieutenant & un Sous-lieutenant ; & compofée, en temps de paix, de quatre Sergens, d'un Fourrier, de huit Caporaux, huit Appointés, quarante Fufiliers & de deux Tambours.

Les huit Caporaux, les huit Appointés & les quarante Divifion defdites compagnies par efcouades. Fufiliers formeront huit efcouades de fept hommes chacune, y compris un Caporal & un Appointé ; la première & la cinquième efcouade formeront une première fubdivifion, à laquelle fera attaché le premier Sergent : la feconde & la fixième efcouade formeront une feconde fubdivifion, à laquelle fera attaché le fecond Sergent : la troifième & la feptième efcouade formeront une troifième fubdivifion, commandée par le troifième Sergent : la quatrième & la huitième efcouade formeront la quatrième fubdivifion, à laquelle fera attaché le quatrième Sergent : les première & troifième fubdivifions formeront la première divifion, qui fera fubordonnée au Lieutenant ; & les feconde & quatrième fubdivifions formeront la feconde divifion que commandera le Sous-lieutenant; ces deux Officiers en rendront compte tous les jours au Capitaine, qui en répondra au Major, le Major au Colonel, & en fon abfence, au Lieutenant-colonel.

X V.

Compofition des compagnies de Fufiliers en temps de guerre.

L'INTENTION de Sa Majefté étant de ne plus augmenter à l'avenir le nombre de fes Troupes par la création de nouveaux régimens, ni même par des compagnies nouvelles, dont l'expérience a démontré le mauvais ufage, & ayant réfolu de ne faire ces augmentations que par un nombre d'hommes réglé dans chaque efcouade, fans augmentation d'Officiers ni de bas Officiers, Elle veut & entend que les compagnies de Fufiliers confervent, foit en temps de paix, foit en temps de guerre, le nombre d'Officiers & de bas Officiers fixé à l'article XIV de la préfente Ordonnance, & Elle fe réferve de déclarer, lorfque les circonftances l'exigeront, le nombre d'hommes dont Elle jugera à propos d'augmenter les efcouades de chaque compagnie.

X V I.

Suppreffion des Commandans de bataillons, qui feront commandés par le plus ancien Capitaine.

SA MAJESTÉ ayant réfolu de donner à l'État-major de chaque régiment une nouvelle compofition plus utile à fon fervice, en fupprimant quelques emplois qui lui paroiffent inutiles, & en en créant quelques-uns qu'Elle a jugé néceffaires, Elle veut & entend que la place de Commandant de bataillon foit fupprimée, quant à préfent, & que chaque bataillon foit commandé par le plus ancien des Capitaines; fe réfervant Sa Majefté de rétablir lefdites places, lors de la guerre, & d'y nommer les plus anciens Capitaines de Grenadiers, lefquels alors n'auront point de compagnies.

X V I I.

Création d'un Sous-aide-major par bataillon.

POUR foulager le Major & les Aides-major dans leurs fonctions, Sa Majefté a réfolu de créer dans chaque bataillon une charge de Sous-aide-major.

X V I I I.

L'INTENTION de Sa Majefté étant que le Major

ne soit pas distrait des fonctions principales de sa charge, qui consistent dans la police, la discipline, la tenue & les exercices, Elle a réglé qu'il seroit établi dans chaque régiment, un Tréforier, pour être particulièrement chargé de l'administration des deniers.

Création d'un Tréforier par régiment.

X I X.

Veut pareillement Sa Majesté qu'il soit établi dans chaque régiment, un Quartier-maître, dont les fonctions seront réglées ci-après.

Création d'un Quartier - maître par régiment.

X X.

Il sera aussi créé dans chaque régiment, un Tambour-major, pour veiller à la discipline prescrite parmi les Tambours.

Création d'un Tambour-major.

X X I.

Les deux Enseignes qui existent dans chaque bataillon, seront supprimés, & il sera créé deux places de Porte-drapeaux.

Suppression des Enseignes, & création de Porte - drapeaux.

X X I I.

Les places de Maréchal-des-logis, le Prévôt, son Lieutenant, le Greffier, les Archers & l'Exécuteur, qui font établis dans plusieurs régimens, seront supprimés & renvoyés.

Suppression des Prévôtés.

X X I I I.

Au moyen de ce qui est prescrit par les articles XVI, XVII, XVIII, XIX, XX, XXI & XXII de la présente Ordonnance, l'Etat-major de chaque régiment, sera composé d'un Colonel, d'un Lieutenant-colonel, d'un Major, d'un Aide-major par bataillon, d'un Sous-aide-major aussi par bataillon, de deux Porte-drapeaux par bataillon, d'un Quartier-maître, d'un Tréforier, d'un Tambour-major, d'un Aumônier & d'un Chirurgien.

Composition de l'État-major.

X X I V.

Sa Majesté considérant que le bien de son service exige que les charges de Lieutenant-colonel & de Major des régimens, foient remplies par les sujets les plus distingués, tant par leur service que par leurs talens,

Choix des Lieutenans-Colonels & des Majors.

& voulant de plus en plus ranimer l'émulation parmi les Officiers de ſes Troupes ; Elle a réſolu de s'en réſerver la nomination , & de choiſir à l'avenir les ſujets qui devront les remplir parmi ceux des Capitaines de tous les régimens d'Infanterie indiſtinctement, qu'Elle jugera devoir mériter cet avancement.

X X V.

Rang & autorité du Major.

SA MAJESTÉ trouvant convenable au bien de ſon ſervice, que le Major ait en tout temps ſur les Capitaines l'autorité dont il a beſoin pour remplir ſes fonctions ; Elle veut qu'à l'avenir la charge de Major ſoit dans tous les régimens d'Infanterie un grade ſupérieur à celui de Capitaine, & que ledit Major commande le régiment, en l'abſence du Colonel & du Lieutenant-colonel, & en leur préſence ſous leur autorité, & qu'il paſſe du grade de Major à celui de Lieutenant-colonel ou de Colonel, pour devenir Officier général.

X X V I.

Le Major chargé ſupérieurement des menues réparations.

LE Major ſera ſeul chargé d'ordonner, ſous l'autorité du Colonel & du Lieutenant-colonel, les menues réparations, dont il confiera le ſoin, dans chaque bataillon, aux Aides-major & aux Sous-aides-major, qui ſeront tenus de lui en rendre compte.

X X V I I.

Aides-major.

LES Aides-major continueront de jouir des prérogatives dont ils jouiſſent actuellement, & rempliront les mêmes fonctions.

X X V I I I.

Sous-aides-major.

LES Sous-aides-major ſeront ſubordonnés aux Aides-major , ils ſeront ſpécialement chargés de veiller à l'entretien des compagnies, & à ce que les menues réparations ſoient faites à meſure, au moyen de la Maſſe commune établie à cet effet.

Ils auront dans le régiment & dans toute l'Infanterie, rang de Lieutenant, du jour de leur brevet, & en conſéquence ils commanderont à tous les Sous-lieutenans & à tous les Lieutenans moins anciens qu'eux.

XXIX.

X X I X.

LES Porte-drapeaux feront toujours tirés du Corps des Sergens, auront rang de derniers Sous-lieutenans; & feront tenns, dans tous les temps, de porter les drapeaux à pied.

Porte-drapeaux.

X X X.

LE Quartier-maître de chaque régiment, aura rang de Sous-lieutenant, commandera fpécialement tous les Fourriers; & fera chargé du logement, du campement, des diftributions & autres fonctions relatives, fupérieurement à eux.

Quartiers-Maitres.

X X X I.

LES Tréforiers feront fpécialement chargés de l'adminiftration des deniers de chaque régiment; ils feront préfentés par le Colonel, le Lieutenant-colonel & le Major, au Secrétaire d'État ayant le département de la guerre, qui leur fera expédier des brevets pour remplir lefdites places, après qu'il les aura agréés.

Fonctions des Tréforiers, & par qui nommés.

X X X I I.

TOUT l'argent de la Solde & de la Maffe, ou de toute autre partie, qui appartiendra à chaque régiment, fera remis tous les mois au Tréforier, pour être enfermé dans une caiffe dont il aura la régie fubordonnément au Major, fous les ordres du Secrétaire d'État ayant le département de la guerre.

Établiffement d'une Caiffe.

X X X I I I.

CETTE caiffe aura trois ferrures, dont les trois clefs feront entre les mains, l'une du Colonel, & en fon abfence, du Commandant du régiment, la deuxième entre les mains du Major, & la troifième entre celles du Tréforier, de manière que ladite caiffe ne puiffe s'ouvrir qu'en préfence de ces trois Officiers : Entendant Sa Majefté que ladite caiffe foit dépofée chez le Commandant du régiment, avec les drapeaux.

Trois clefs à ladite Caiffe, & par qui gardées.

X X X I V.

EN l'abfence du Colonel, la clef dont il doit être

Par qui les clefs gardées

en l'abfence du Colonel & du Major.

dépofitaire, demeurera entre les mains du Lieutenant-colonel; en l'abfence de ce dernier, entre les mains du plus ancien des Capitaines qui fe trouveront préfens; & en l'abfence du Major, fa clef demeurera entre les mains d'un Aide-major, de manière que dans tous les cas la caiffe ne puiffe s'ouvrir qu'en préfence de trois perfonnes.

X X X V.

Adminiftration de la Caiffe.

IL y aura toujours dans la caiffe de chaque régiment, un état des fonds qui y feront mis, & un état de ceux qui en feront tirés, avec les caufes de recette & de dépenfe; ces états feront fignés du Commandant du Corps, du Major & du Tréforier; il en fera remis un double au Major, & il en fera envoyé un tous les mois au Secrétaire d'Etat ayant le département de la guerre.

X X X V I.

Fonctions du Tambour-major, & par qui nommé.

LE Tambour-major veillera fur la conduite & la difcipline prefcrite parmi les Tambours; il aura rang de Sergent, & jouira des mêmes droits & prérogatives que les autres Sergens; il fera propofé par le Major, au Colonel, qui le nommera, & fera attaché à la compagnie Colonelle, fans faire nombre dans ladite compagnie.

X X X V I I.

Choix actuel des Sergens, Fourriers & Caporaux.

SA MAJESTÉ trouvant convenable au bien de fon fervice, que les places de Sergens & de Caporaux ne foient remplies que par des fujets fages, intelligens, fachant lire & écrire, & qui aient le talent en inftruifant les Soldats de s'en faire obéir; fon intention eft qu'il foit fait par le Commandant & le Major de chaque régiment, un examen exact des fujets qui rempliffent actuellement ces places, & que tous ceux qui ne fe trouveront point avoir les qualités prefcrites ci-deffus en foient retirés, favoir, les Sergens pour être renvoyés, & les Caporaux pour entrer dans la claffe des Appointés, ainfi qu'il fera dit plus bas : Voulant Sa Majefté que le Commandant & le Major choififfent, pour cette fois feulement, les fujets qui feront les plus propres à les remplacer, ainfi que ceux qui devront occuper les places de Fourriers que Sa Majefté a jugé à propos de créer dans chaque compagnie.

XXXVIII.

SA MAJESTÉ voulant en même temps expliquer fes intentions fur la manière dont il fera procédé à l'avenir aux choix defdits bas Officiers, Elle a réglé que,

Choix des Sergens pour l'avenir.

Lorfqu'il vaquera une place de Sergent dans une compagnie, les douze plus anciens Sergens du régiment s'affembleront, avec les Porte-drapeaux, chez le Major pour choifir parmi tous les Caporaux du régiment, fans avoir aucun égard à l'ancienneté, les trois fujets qu'ils croiront les plus propres à remplir la place vacante ; ils les préfenteront au Major & au Capitaine de la compagnie dans laquelle la place de Sergent fera vacante ; & fur le rapport de ces deux Officiers, le Commandant du régiment nommera celui des trois fujets propofés qui lui paroîtra mériter la préférence.

XXXIX.

LORSQU'IL vaquera une place de Fourrier, les douze plus anciens Fourriers s'affembleront, avec le Quartier-maître, chez le Major pour choifir, parmi tous les Caporaux du régiment, les trois fujets qu'ils croiront les plus propres pour remplir la place vacante ; ils les préfenteront au Major & au Capitaine de la compagnie dans laquelle la place de Fourrier fera vacante, de la même manière qu'il eft expliqué dans l'article précédent pour les Sergens.

Choix des Fourriers.

XL.

PAREILLEMENT lorfqu'il vaquera une place de Caporal, les huit plus anciens Caporaux & les quatre plus anciens Sergens du régiment s'affembleront chez le Major pour choifir, parmi tous les Soldats du régiment, trois fujets, qu'ils préfenteront au Major & au Capitaine

Choix des Caporaux.

de la compagnie dans laquelle la place de Caporal fera vacante, de la même manière qu'il eſt expliqué dans l'article XXXVIII de la préſente Ordonnance.

X L I.

LES Sergens commanderont leur diviſion ou ſubdiviſion, les maintiendront en bonne diſcipline & police, & rendront tous les jours compte aux Officiers, de tous les détails qui concerneront leſdites diviſions ou ſubdiviſions, ainſi qu'il eſt preſcrit par les articles XII & XIV.

X L I I.

LES Fourriers feront entièrement ſubordonnés aux Quartiers-maîtres des régimens; ils feront chargés, ſous leurs ordres, du détail de toutes les ſubſiſtances, des diſtributions, du logement, du campement & de la propreté du quartier & du camp. Ils auront rang de derniers Sergens, & feront diſpenſés de monter la garde en campagne comme en garniſon.

X L I I I.

LES Caporaux veilleront ſur la diſcipline, la police & les exercices de leur eſcouade; ils en répóndront au Sergent de leur diviſion ou ſubdiviſion, & ſuppléeront aux Sergens qui pourront manquer.

X L I V.

A l'égard des places d'Appointés, elles feront données, quant à préſent, par préférence aux Caporaux & Anſpeſſades réformés, en exécution des articles XI & XXXVII de la préſente Ordonnance; mais à l'avenir ces places d'Appointés appartiendront toujours de droit aux plus anciens Grenadiers ou Fuſiliers de chaque compagnie; ils commanderont l'eſcouade dont ils feront partie, au défaut des Caporaux, qui en feront toujours les chefs.

X L V.

LE terme des engagemens ſera fixé à l'avenir à huit années, au lieu de ſix; les Soldats qui monteront aux hautes-payes ne feront point tenus, comme par le paſſé,

de

de fervir trois ans au-delà du terme de leur engagement; & le congé abfolu fera régulièrement donné chaque année, aux Soldats dont l'engagement fera expiré.

Les hautes-payes ne rengageront point.

Congés donnés à leur expiration.

X L V I.

SA MAJESTÉ donnera fes ordres pour faire délivrer dès-à-préfent le congé abfolu aux quatre plus anciens Soldats de chaque compagnie, qui s'étant engagés pour fix ans, ont continué de fervir au-delà de ce terme, le temps de leur fervice ayant été prolongé à caufe de la guerre; & il en fera délivré un pareil nombre régulièrement chaque année à ceux qui feront dans ce cas.

Congés abfolus donnés aux quatre plus anciens Soldats dont les engagemens font expirés.

X L V I I.

LES Soldats qui auront volontairement renouvelé un fecond engagement, & qui, en conféquence, après avoir fervi feize ans, voudront fe retirer chez eux & non ailleurs, y toucheront la moitié de leur folde; & Sa Majefté leur fera délivrer tous les huit ans un habit de l'uniforme du régiment dans lequel ils auront fervi.

Récompenfe pour les Soldats qui auront contracté un fecond engagement.

X L V I I I.

CEUX qui ayant renouvelé volontairement un troi-fième engagement, auront fervi vingt-quatre ans, auront le choix, ou d'être reçûs à l'Hôtel royal des Invalides, ou de fe retirer chez eux & non ailleurs, avec leur folde entière; & Sa Majefté leur fera délivrer tous les fix ans un habit de l'uniforme du régiment dans lequel ils auront fervi.

Récompenfe pour les Soldats qui auront contracté un troifième engagement.

X L I X.

SA MAJESTÉ ayant confidéré que les Troupes font obligées, en temps de guerre, de faire plus de dépenfe qu'en temps de paix, & voulant les mettre dans le cas de fupporter ces dépenfes au moyen des appointemens & de la folde, Elle a réfolu de leur régler une paye de paix, & une paye de guerre; & en conféquence, Elle veut que les appointemens & folde foient payés

Appointemens & folde en paix ou en guerre.

aux régimens de son Infanterie françoise, sur le pied, par jour,

SAVOIR,

Compagnies de Grenadiers.	EN TEMPS DE PAIX.			EN TEMPS DE GUERRE.		
	Par jour.	Par mois.	Par an.	Par jour.	Par mois.	Par an.
A chaque Capitaine, cinq livres onze sous un denier un tiers en temps de paix, & huit livres six sous huit deniers en temps de guerre, ci...............	$5^l\ 11^f\ 1^d\frac{1}{3}$	$166^l\ 13^f\ 4^d$	2000^l	$8^l\ 6^f\ 8^d$	$250^l\ \prime\prime^f\ \prime\prime^d$	3000^l
Au Lieutenant, deux livres dix sous en paix, & trois livres six sous huit deniers en temps de guerre..	2 .10. //	75. // //	900.	3. 6. 8	100. // //	1200.
Au Sous-lieutenant, une livre treize sous quatre deniers en paix, & deux livres dix sous en guerre.	1. 13. 4	50. // //	600.	2. 10. //	75. // //	900.
A chaque Sergent, douze sous quatre deniers en paix, & douze sous huit deniers en guerre...	// 12.4	18. 10. //	222.	// 12. 8	19. // //	228.
Au Fourrier, dix sous en paix, & dix sous quatre den. en guerre.	// 10. //	15. // //	180.	// 10. 4	15. 10 //	186.
A chaque Caporal, huit sous huit deniers en paix, & neuf sous en guerre...............	// 8. 8	13. // //	156.	//. 9. //	13. 10. //	162.
A chaque Appointé, sept sous huit deniers en paix, & huit sous en guerre................	// 7. 8	11. 10. //	138.	// 8. //	12. // //	144.
A chaque Grenadier & au Tambour, six sous huit deniers en paix, & sept sous en guerre..	// 6. 8 //	10. // //	120.	// 7. //	10. 10. //	126.

Compagnies de Fusiliers.

	Par jour.	Par mois.	Par an.	Par jour.	Par mois.	Par an.
Au Capitaine, quatre livres trois sous quatre deniers en paix, & six livres treize sous quatre deniers en guerre....	4. 3. 4	125. // //	1500.	6. 13. 4	200. // //	2400.
Au Lieutenant, une livre treize sous quatre deniers en paix, & deux livres quinze sous six deniers deux tiers en guerre..	1. 13. 4	50. // //	600.	2. 15. $6\frac{2}{3}$	83. 6. 8	1000.
Au Sous-lieutenant, une livre dix sous en paix, & deux livres quatre sous cinq deniers un tiers en guerre.........	1. 10. //	45. // //	540.	2. 4. $5\frac{1}{3}$	66. 13. 4	800.
A chaque Sergent, onze sous quatre deniers en paix, & onze sous huit deniers en guerre....	// 11. 4	17. // //	204.	// 11. 8	17. 10. //	210.
Au Fourrier, neuf sous en paix, & neuf sous quatre deniers en guerre..................	// 9. //	13. 10. //	162.	// 9. 4	14. // //	168.

	EN TEMPS DE PAIX.			EN TEMPS DE GUERRE		
	Par jour.	Par mois.	Par an.	Par jour.	Par mois.	Par an.
A chaque Caporal, sept sous huit deniers en paix, & huit sous en guerre..............	//l 7f 8d	11l 10f //	138l	//l 8f //d	12l //f //	144l
A chaque Appointé, six sous huit deniers en paix, & sept sous en guerre..............	// 6. 8	10. // //	120.	// 7. //	10. 10. //	126.
A chaque Fusilier ou Tambour, cinq sous huit deniers en paix, & six sous en guerre...	// 5. 8	8. 10. //	102.	// 6. //	9. // //	108.
ÉTAT-MAJOR.						
Au Colonel, indépendamment de ses appointemens de Capitaine, huit livres six sous huit deniers en paix, & dix livres en guerre..............	8. 6. 8	250. // //	3000.	10. // //	300. // //	3600.
Au Lieutenant-colonel, indépendamment de ses appointemens de Capitaine, cinq livres onze sous un denier un tiers en paix, & huit livres six sous huit deniers en guerre........	5. 11. 1⅓	166. 13. 4	2000.	8. 6. 8	250. // //	3000.
A chaque Major des régimens de quatre bataillons, qui ne recevront rien comme Majors de brigade, huit livres six sous huit den. en paix, & douze livres dix sous en guerre..............	8. 6. 8	250. // //	3000.	12. 10. //	375. // //	4500.
A chaque Major des régimens de deux bataillons & d'un bataillon, qui de même ne toucheront rien comme Majors de brigades, huit livres en paix, & onze livres deux sous deux deniers deux tiers en guerre..........	8. // //	240. // //	2880.	11. 2. 2⅔	333. 6. 8	4000.
Au second Major du régiment du Roi, six livres en paix, & dix livres en guerre........	6. // //	180. // //	2160.	10. // //	300. // //	3600.
Au Commandant de bataillon, qui sera créé pendant la guerre, onze livres deux sous deux den. deux tiers.................	....	....	....	11. 2. 2⅔	333. 6. 8	4000.
A chaque Aide-major, avec commission de Capitaine, quatre livres trois sous quatre deniers en temps de paix, & six livres treize sous quatre deniers en guerre..	4. 3. 4	125. // //	1500.	6. 13. 4	300. // //	2400.
A chaque Aide-major, sans commission de Capitaine, deux livres dix sous en paix, & cinq livres en guerre..........	2. 10. //	75. // //	900.	5. // //	150. // //	1800.

	EN TEMPS DE PAIX.			EN TEMPS DE GUERRE.		
	Par jur.	Par mois.	Par an.	Par jour.	Par mois.	Par an.
A chaque Sous-aide-major, une livre treize fous quatre den. en paix, & trois livres fix fous huit deniers en guerre.......	1ˡ 13ᶠ 4ᵈ	50ˡ ʺᶠ ʺᵈ	600ˡ	3ˡ 6ᶠ 8ᵈ	100ˡ ʺᶠ ʺᵈ	1200ˡ
Au Quartier-maître, une livre dix fous en paix, & deux livres quatre fous cinq deniers un tiers en guerre..............	1. 10. ʺ	45. ʺ ʺ	540.	2. 4. 5⅓	66. 13. 4	800.
A chaque Porte-drapeau, une livre cinq fous en paix, & une livre treize fous quatre deniers en guerre.............	1. 5. ʺ	37. 10. ʺ	450.	1. 13. 4	50. ʺ ʺ	600.
Au Tréforier d'un régiment de quatre bataillons, cinq livres onze fous un denier un tiers en temps de paix, & huit livres fix fous huit deniers en guerre...	5. 11. 1⅓	166. 13. 4	2000.	8. 6. 8	250. ʺ ʺ	3000.
Au Tréforier d'un régiment de deux & d'un bataillon, trois livres fix fous huit den. en temps de paix, & cinq livres onze fous un denier un tiers en guerre...	3. 6. 8	100. ʺ ʺ	1200.	5. 11. 1⅓	166. 13. 4	2000.
Au Tambour-major, quatorze fous en tout temps.........	ʺ 14. ʺ	21. ʺ ʺ	252.	14. ʺ ʺ	21. ʺ ʺ	252.
A l'Aumônier, un livre fept fous neuf deniers un tiers en paix, & deux livres en guerre..	1. 7. 9⅓	41. 13. 4	500.	2. ʺ ʺ	60. ʺ ʺ	720
Au Chirurgien, une livre fept fous neuf deniers un tiers en paix, & deux livres en guerre..	1. 7. 9⅓	41. 13. 4	500.	2. ʺ ʺ	60. ʺ ʺ	720.

Voulant Sa Majefté que la paye de guerre ne foit donnée qu'à ceux defdits régimens qui ferviront en campagne, à commencer du jour de leur arrivée à l'armée, jufqu'à celui de leur départ de l'armée pour rentrer dans le royaume; & que ceux qui demeureront en garnifon dans le royaume, pendant la guerre, ne touchent que la paye réglée pour le temps de paix.

L.

Linge & chauffure.

VEUT & entend Sa Majefté que fur la folde de paix réglée à chaque Sergent, Fourrier, Caporal, Appointé, Grenadier, Fufilier & Tambour, il en foit affecté feize deniers par chaque Sergent & Fourrier, & huit

huit deniers par chaque Caporal, Appointé, Grenadier, Fuſilier & Tambour, pour s'entretenir de linge & chauſ-fure; & que ſur la ſolde qui leur eſt réglée pour le temps de la guerre, il ſoit pareillement affecté au même uſage vingt deniers par chaque Sergent & Fourrier, & douze deniers par chaque Caporal, Appointé, Grenadier, Fuſilier & Tambour.

L I.

A l'égard des régimens que Sa Majeſté a jugé à propos de deſtiner plus particulièrement au ſervice de la Marine, des Colonies & des Ports, par l'article IV de la préſente Ordonnance; lorſqu'ils ſerviront dans le royaume, ſoit en temps de paix, ſoit en temps de guerre, ils toucheront les appointemens & ſolde réglés par l'article XLIX, pour le temps de la paix; lorſqu'ils auront ordre de paſſer dans les Colonies, en temps de paix, ils toucheront la moitié en ſus deſdits appointemens & ſolde, du jour de leur embarquement juſqu'au jour de leur débarquement à leur retour en France; & lorſqu'ils s'embarqueront pour les Colonies, en temps de guerre, ils toucherout les appointemens & ſolde réglés pour le temps de la guerre, & la moitié en ſus deſdits appoin-temens & ſolde, du jour de leur embarquement juſqu'à celui de leur débarquement à leur retour en France. Il en ſera uſé de même pour tous les régimens que Sa Majeſté jugera à propos de faire paſſer dans ſes Colonies.

Appointemens & ſolde des régimens affectés à la Marine, dans le royaume & dans les colonies.

L I I.

CEUX deſdits régimens, qui auront ordre de s'em-barquer, recevront une avance de trois mois d'appoin-temens & de ſolde, ſur le pied de celle qui leur eſt réglée dans les Colonies; ils recevront de plus leur ſubſiſtance, par gratification, ſur les Vaiſſeaux qui les tranſporteront à leur deſtination, ſoit en allant, ſoit en revenant, ſans que pour raiſon de cette ſubſiſtance, il puiſſe leur être fait aucune retenue.

Trois mois d'avance lorſqu'ils s'embarqueront, indépendamment de la ſubſiſtance ſur les Vaiſſeaux.

L I I I.

L E S appointemens & ſolde deſdits régimens leur

Par qui payés.

feront payés des fonds de l'Extraordinaire des guerres, tant qu'ils feront dans le royaume ; & lorfqu'ils feront dans le cas de paffer aux Colonies, le fupplément dont ils doivent jouir de moitié en fus de leurs appointemens & folde, fera pris fur les fonds affectés au fervice des Colonies.

L I V.

Linge & chauffure.

IL en fera ufé, pour l'entretien du linge & chauffure des Sergens, Fourriers, Caporaux, Appointés, Grenadiers, Fufiliers & Tambours defdits régimens, de la même manière que pour ceux des autres régimens, fuivant ce qui eft prefcrit par l'article L de la préfente Ordonnance.

L V.

Le Roi fe charge des recrues.

LES Capitaines de tous les régimens de l'Infanterie françoife, feront à l'avenir déchargés du foin de faire des recrues, hors les cas où ils s'abfenteront par congé : L'intention de Sa Majefté étant de leur faire fournir toutes celles dont ils auront befoin.

L V I.

Défenfe aux Officiers de donner des congés abfolus.

DÉFEND en conféquence Sa Majefté à tous Officiers de donner à l'avenir aucuns congés abfolus, fe réfervant d'expliquer par la fuite, fes intentions fur la manière dont ils feront expédiés.

L V I I.

Armement.

SA MAJESTÉ fera pareillement fournir à l'avenir aux régimens de fon Infanterie françoife, l'armement dont ils pourront avoir befoin.

L V I I I.

Maffe pour l'habillement.

LA Maffe de l'habillement defdits régimens, fera établie, à commencer du jour de la nouvelle compofition de chacun d'eux, qui fera conftatée par le procès-verbal du Commiffaire des guerres, qui y fera préfent, fur le pied par jour, de deux fous pour chaque Sergent, Fourrier, Tambour-major & Tambour, y compris un fou dont Sa Majefté a jugé à propos d'augmenter la Maffe defdits Tambours; & d'un fou pour chaque Caporal, Appointé, Grenadier & Fufilier; laquelle Maffe fera toujours payée fur le pied complet, & remife tous les mois avec la folde au Tréforier du régiment, lequel la dépofera dans la caiffe; mais Sa Majefté fe réferve l'adminiftration directe de ladite Maffe, au moyen de laquelle Elle donnera fes ordres pour faire habiller toutes les Troupes de fon Infanterie françoife.

L I X.

A l'égard des réparations journalières qu'il conviendra de faire à l'habillement, équipement & armement defdits régimens, Sa Majefté fera former une Maffe de cinq livres pour chaque homme par an, en tout temps; laquelle Maffe fera payée fur le pied complet, & remife tous les mois à la caiffe du régiment, avec la folde & la Maffe de l'habillement, pour être employée auxdites réparations: Entend au furplus Sa Majefté qu'il foit par le Tréforier de chaque régiment envoyé tous les fix mois au Secrétaire d'État ayant le département de la guerre, un double figné du Major & de lui, de l'état de recette & de dépenfe de cette Maffe.

Entretien des compagnies, & menues réparations.

L X.

L'INTENTION de Sa Majefté eft que fur cette Maffe, il foit donné à chaque Tambour une haute-paye de deux fous par jour, au moyen de laquelle lefdits Tambours feront tenus d'entretenir leur caiffe de peaux & de cordages, & de fe fournir de baguettes.

Haute-paye donnée au Tambour pour l'entretien de fa caiffe, &c.

L X I.

VEUT Sa Majefté que dans tous les temps, les Capitaines jouiffent de leurs appointemens en entier, à la feule retenue des quatre deniers pour livre de leurs compagnies, non compris les Officiers; leur défendant très-expreffément de payer, fous tel prétexte que ce puiffe être, aucuns faux-frais de place, ni doubles rôles aux Tréforiers, ni gratification à qui que ce foit. Enjoignant aux Majors des régimens d'y tenir exactement la main, fous peine d'en répondre en leur propre & privé nom.

Les Capitainess jouiront de leur appointemens en entier, à la feule retenue des quatre deniers pour livre.

L X I I.

Au moyen du traitement réglé par la préſente Ordonnance, qui décharge les Capitaines de l'entretien de leur troupe, toutes les penſions d'ancienneté & gratifications attachées aux charges, feront ſupprimées ; à la réferve de celle qui eſt attachée à la charge de Colonel-lieutenant du régiment d'Infanterie de Sa Majeſté : Et il ne fera payé aux régimens d'Infanterie françoiſe, en temps de paix, ni argent d'étape aux recrues, ni payes de gratifications ; & en temps de guerre, ni étape aux recrues, ni argent de recrues, ni payes de gratifications, ni uſtenſile.

L X I I I.

L'intention de Sa Majeſté eſt que quoique les Capitaines ne ſoient plus chargés ni des recrues ni de l'entretien de leur troupe, ils veillent cependant avec la même attention à tout ce qui pourra contribuer au bien-être des Soldats & à leur entretien ; déclarant Sa Majeſté qu'Elle fera punir ſévèrement, ſuivant l'exigence des cas, tous ceux qui y auront apporté quelque négligence.

L X I V.

Aucun Capitaine, Lieutenant ou Sous-lieutenant, ne pourra s'abſenter qu'en s'engageant à faire deux hommes de recrue, au-deſſus de cinq pieds deux pouces : Sa Majeſté donnera ſes ordres pour les leur faire payer ſur le pied de cent livres chacun, rendu au quartier d'aſſemblée de leur régiment ; mais ſon intention eſt que ceux qui n'en feront point, ſoient privés de leurs appointemens pendant tout le temps de leur abſence.

L X V.

L'intention de Sa Majeſté étant que dorénavant tous les régimens de ſon Infanterie françoiſe, à la réferve de celui des Gardes-Lorraine, ſoient habillés de blanc, avec des marques diſtinctives pour chacun, Elle a jugé à propos d'arrêter l'état des uniformes de chacun des régimens conſervés par la préſente Ordonnance, à laquelle Elle l'a fait annexer. Enjoignant Sa Majeſté aux Colonels de tous les régimens, ſans exception, de le faire exécuter

en

en tout point ; leur défendant d'y fouffrir aucun changement, qu'avec une permiffion expreffe & par écrit du Secrétaire d'État ayant le département de la guerre, d'après les ordres de Sa Majefté , fous peine de défobéiffance, & de payer, fur leurs appointemens, la dépenfe qu'auroient occafionnée les changemens par eux ordonnés : Déclarant Sa Majefté qu'Elle fera caffer les Majors des régimens qui n'auront point informé le Secrétaire d'État ayant le département de la guerre, des changemens qu'on auroit introduits dans les régimens : Défendant auffi Sa Majefté à celui qu'Elle a chargé de la régie de l'habillement des Troupes, de fe prêter à aucun changement ni à l'admiffion d'aucun ornement, autres que ceux portés dans l'état arrêté par Sa Majefté, fous peine d'en répondre en fon propre & privé nom.

L X V I.

POUR parvenir à la nouvelle compofition prefcrite par la nouvelle Ordonnance , les Infpecteurs qui feront chargés de fon exécution, feront mettre chaque régiment fous les armes, par les ordres des Gouverneurs ou Commandans des provinces ou places où ils fe trouveront, & en préfence du Commiffaire des guerres qui en aura la police.

Moyen de parvenir à la nouvelle compofition.

L X V I I.

LES Infpecteurs feront de chacun defdits régimens , une revue exacte, par laquelle ils conftateront le nombre d'Officiers & de Soldats dont ledit régiment fera compofé; & le Commiffaire des guerres fera auffi la fienne, pour fervir au payement dudit régiment, jufques & compris le jour de fa nouvelle compofition exclufivement.

Revues d'infpection & de fubfiftance defdits régimens.

L X V I I I.

L'INSPECTEUR entrera, à fa revue, dans le détail le plus exact des dettes du régiment, il en fera dreffer un état , fur lequel feront marquées lefdites dettes, leur nature , leur époque, les motifs pour lefquels elles auront été contractées, le nom & la demeure des Marchands ou créanciers auxquels il fera dû.

Dreffer un état des dettes du Corps.

L X I X

Dreſſer un état des dettes perſonnelles des Officiers.

IL fera enſuite dreſſer un état des dettes perſonnelles de chaque Officier, avec le même détail que pour les dettes du régiment.

L X X.

Dreſſer un état de ce qui fera dû aux régimens.

L'INSPECTEUR dreſſera enſuite un état détaillé de ce qui fera dû à chaque régiment, ſoit ſur ſes Maſſes ou ſon uſtenſile, ſoit ſur d'autres parties ſéparées, en diſtinguant toutes les dettes par nature, avec leurs époques.

L X X I.

Dreſſer un contrôle des Officiers & de leur ſervice.

LEDIT Inſpecteur procèdera enſuite à faire dreſſer un contrôle de tous les Officiers, contenant leurs noms, ſurnoms, les dates & les lieux de leur naiſſance, le détail exact de leur ſervice, l'époque de leurs différens grades, leurs bleſſures, enfin tous les détails qui pourront faire connoître leurs ſervices, leurs mœurs & leurs talens.

L X X I I.

Dreſſer un état de tous ceux qui feront dans le cas d'être reçus à l'Hôtel royal des Invalides.

IL fera enſuite formé un état contenant les noms, ſurnoms & ſervices des Sergens, Caporaux, Anſpeſſades, Grenadiers, Fuſiliers & Tambours, que l'Inſpecteur jugera dans le cas d'être admis à l'Hôtel royal des Invalides, conformément aux règlemens, & notamment à l'Ordonnance du 3 décembre 1730; il joindra à ces états leurs congés abſolus, les certificats de leurs ſervices & ceux des bleſſures qui les rendroient ſuſceptibles de cette grâce au défaut de ſervices ſuffiſans; après quoi il les fera mettre en marche pour ſe rendre à l'Hôtel, ſur les routes qui lui feront envoyées à cet effet : Voulant Sa Majeſté que les Officiers qui feroient ſuſceptibles de la même grâce, ſoient compris ſur le même état & ſur les routes, pour prendre ſoin des Soldats juſqu'à leur arrivée à l'Hôtel; & il fera envoyé ſur le champ un double de ces états au Secrétaire d'État ayant le département de la guerre.

L X X I I I.

Choix des Officiers

CES opérations faites, il procèdera, de concert avec les Colonels, au choix des Soas-aides-majors, des

Porte-drapeaux, du Quartier-maître & du Tambour-major, dont il enverra les noms au Secrétaire d'État ayant le département de la guerre, pour les faire agréer par Sa Majefté.

L X X I V.

LEDIT Infpecteur complétera enfuite les compagnies de Grenadiers au nombre de cinquante-deux hommes, en choififfant, dans chaque régiment, tout ce qu'il y aura de meilleur pour la taille, la bravoure & les mœurs; & il y ordonnera le choix des bas Officiers, dont elles auront befoin, conformément à ce qui eft prefcrit par les articles XXXVIII & XL de la préfente Ordonnance.

L X X V.

DANS les bataillons compofés de feize compagnies de Fufiliers, l'Infpecteur doublera les compagnies, en incorporant la neuvième dans la première, la dixième dans la feconde, & ainfi de fuite; il féparera enfuite de chaque compagnie les quatre Soldats dont les engagemens feront expirés depuis plus long-temps, pour les renvoyer chez eux avec leurs congés abfolus : après quoi il compofera les huit compagnies reftantes, des foixante-trois hommes les plus élevés & les plus en état de fervir.

Dans les bataillons qui n'ont que douze compagnies de Fufiliers, & où le doublement ne pourroit pas s'effectuer par compagnie entière, il formera huit compagnies de Fufiliers, en y incorporant les quatre dernières, & les compofera de même des foixante-trois hommes les plus élevés & les plus en état de fervir, après avoir pareillement donné le congé abfolu aux quatre Soldats dont les engagemens feront expirés depuis plus long-temps : dans les deux cas, il ordonnera le choix des bas Officiers dont les compagnies de Fufiliers pourront avoir befoin, conformément à ce qui eft prefcrit par les articles XXXVIII, XL & XLIV de la préfente Ordonnance.

L X X V I.

LES compagnies de Fufiliers étant ainfi compofées de foixante-trois hommes, & celles de Grenadiers de cinquante - deux hommes les plus en état de fervir, l'Inſpecteur y attachera les Officiers qui devront les commander, & à cet effet :

Les Capitaines, Lieutenans & Sous-lieutenans, qui ſont attachés aux compagnies de Grenadiers, en conſerveront le commandement.

Dans un régiment de quatre bataillons, où il n'y aura point d'incorporation d'autre régiment, les Colonels & Lieutenans-colonels reprendront chacun une compagnie; & les trente reſtantes ſeront données aux trente Capitaines les plus anciens de commiſſion de tout le régiment.

Il en ſera uſé de même dans les régimens conſervés à deux & à un bataillon.

L X X V I I.

A l'égard des régimens qui, par l'incorporation d'un autre régiment, devront être portés à quatre bataillons, l'Inſpecteur, après avoir procédé dans chacun deſdits régimens à ce qui eſt preſcrit par les articles LXVII, LXVIII, LXIX, LXX, LXXI & LXXII, ordonnera de la part de Sa Majeſté, aux Colonels, Lieutenans-colonels, Majors & Commandans de bataillons des régimens qui devront être incorporés dans d'autres, de quitter le commandement deſdits régimens, il ordonnera le mélange des compagnies des quatre bataillons, ſuivant l'ancienneté des Capitaines qui ſe trouveront les commander; il complétera les compagnies de Grenadiers, conformément à l'article LXXIV.

Il doublera les compagnies des quatre bataillons, en ſuivant la forme preſcrite par l'article LXXV.

Il laiſſera aux Capitaines, Lieutenans & Sous-lieutenans de Grenadiers le commandement de leurs compagnies.

Il fera prendre une compagnie à chacun des Colonels & Lieutenans-colonels des régimens qui auront reçu l'incorporation, & les trente compagnies reſtantes ſeront données aux trente Capitaines les plus anciens de commiſſion, tant des deux bataillons du régiment qui aura

reçu

reçu l'incorporation, que de celui qui aura été incorporé.

L X X V I I I.

S'IL fe trouvoit des Capitaines dont les commiffions foient de même date, l'Infpecteur préfèrera ceux dont les lettres de Lieutenant ou d'Enfeigne, de Lieutenant en fecond ou de Sous-lieutenant feront les plus anciennes, & fi toutes leurs lettres fe trouvoient de même date, alors il les fera tirer au fort.

Rang des Capitaines qui doivent être confervés.

S'il arrivoit auffi qu'un Capitaine d'un régiment, qui recevra l'incorporation d'un autre régiment, fe trouvât en concurrence avec un Capitaine du régiment incorporé, & que leurs commiffions ou lettres fuffent toutes de même date, alors le Capitaine du régiment qui recevra l'incorporation fera préféré.

L X X I X.

QUANT aux Lieutenans ou Enfeignes de chaque régiment, les plus anciens, dans l'ordre expliqué ci-deffus pour les Capitaines, feront attachés aux lieutenances des compagnies de Fufiliers, les moins anciens le feront aux fous-lieutenances, auffi des compagnies de Fufiliers.

Choix des Lieutenans ou Enfeignes.

Il fera choifi parmi les Lieutenans ou Sous-lieutenans les plus capables, pour remplir les places de Sous-aides-majors.

L X X X.

TOUS les Commandans de bataillons, ainfi que ceux des Capitaines, Lieutenans ou Enfeignes qui fe trouveront excédans, feront réformés.

Officiers excédans réformés.

L X X X I.

APRÈS que les compagnies de Grenadiers & de Fufiliers auront été compofées de cinquante-deux & de foixante-trois hommes bien en état de fervir, & que les Officiers y auront été attachés, l'Infpecteur fera dreffer les contrôles, par compagnies, des hommes qui les compoferont, contenant leurs noms, furnoms & fignalemens, le lieu & la date de leur naiffance, leurs grades, l'époque de leur engagement; & il enverra des

Contrôle des hommes qui compoferont les compagnies.

doubles de ces contrôles au Secrétaire d'État ayant le département de la guerre.

L X X X I I.

TOUTES ces opérations finies, l'intention de Sa Majesté est que les compagnies se mêlent dans les différens bataillons, de manière que celle du Colonel soit au premier bataillon, celle du Lieutenant-colonel au second, celle du premier Capitaine de Fusiliers au troisième bataillon, celle du second Capitaine au quatrième bataillon, celle du troisième Capitaine au premier bataillon, & ainsi de suite; & qu'elles marchent dans chaque régiment après celles des Colonel & Lieutenant-colonel, & entr'elles, suivant le rang des Capitaines qui les exploiteront.

L X X X I I I.

VEUT Sa Majesté que tous les Soldats excédans soient réformés & renvoyés, avec leurs congés absolus.

L X X X I V.

A l'égard de ceux qui seront aux hôpitaux, l'intention de Sa Majesté est que l'Inspecteur en fasse dresser un état, qu'il fera signer par les Colonels, Lieutenans-colonels & Majors desdits régimens, lequel état il enverra au Secrétaire d'État ayant le département de la guerre, avec les congés absolus des hommes qui y seront compris, afin que, sur le compte qui en sera rendu à Sa Majesté, Elle puisse décider de leur sort; voulant Sa Majesté que la solde continue de leur être payée, à compter du jour qu'ils seront en état de sortir desdits hôpitaux, jusqu'à ce qu'Elle ait décidé leur destination ultérieure.

L X X X V.

TOUS les Soldats qui devront être réformés & renvoyés chez eux, seront partagés en plusieurs classes, suivant les provinces dont ils seront, pour être conduits par étape, par des Officiers qui seront choisis à cet effet, lesquels seront chargés du contrôle desdits Soldats & de leurs congés absolus jusqu'à la première ville de la province dont ils seront; l'intention de Sa Majesté ᴄᴵᴬⁿt, qu’alors ces Officiers foient tenus de remettre ces Soldats à l’Intendant, au Subdélégué, ou à leur défaut aux Officiers municipaux de cette première ville, avec leurs congés abfolus, & d’en tirer un reçu qu’ils enverront au Secrétaire d’État ayant le département de la guerre, avec le contrôle des Soldats qu’ils auront été chargés de conduire : Entendant Sa Majefté que les congés abfolus des Soldats ainfi congédiés, ne leur foient remis par lefdits Intendans, Subdélégués ou Officiers municipaux de la ville, que lorfqu’ils feront rendus dans leur village ou dans l’endroit qu’ils auront choifi pour leur réfidence.

Les Officiers conducteurs retourneront dans leurs provinces, fur des routes de Sa Majefté, qui leur feront délivrées par les Intendans des Provinces; fe réfervant Sa Majefté, lorfqu’ils auront envoyé les reçus de la re-mife des Soldats à leur deftination, au bas du contrôle de ceux de la conduite defquels ils auront été chargés, de faire payer à chacun defdits Officiers une gratification de cent cinquante livres.

L X X X V I.

Si cependant, parmi les Soldats réformés, il s’en trouvoit quelques-uns qui euffent la bonne volonté de fervir dans les régimens de Boulonois, Foix & Querci, qui font à Saint - Domingue, l’Infpecteur en dreffera un contrôle féparé & les fera partir pour Breft fur les routes de Sa Majefté, qui lui feront adreffées à cet effet; obfervant de mettre à leur tête les Officiers réformés qui feront jugés néceffaires, eu égard à leur nombre : ces Officiers devant enfuite retourner chez eux fur les routes qui leur feront remifes par le Commandant de Breft.

L X X X V I I.

L’intention de Sa Majefté eft que tous les Ser-gens, Caporaux, Anfpeffades, Grenadiers, Fufiliers & Tambours de chacun defdits régimens, foit qu’ils con-tinuent de fervir dans quelque Corps que ce foit, foit qu'ils fe rendent à l'Hôtel royal des Invalides, ou qu'ils retournent chez eux, emportent leur habit uniforme, avec leur chapeau, & qu'il foit de plus donné à la première ville de leur province, trois livres à chacun de ceux qui feront réformés & renvoyés chez eux, pour gagner leur village.

L X X X V I I I.

Défenfe aux Soldats réformés de s'écarter de leur route, injonction aux Prévôts d'y veiller.

DÉFEND très-expreffément Sa Majefté aux Soldats réformés de s'écarter de la route qu'ils devront tenir pour s'acheminer dans leur province, fur peine à ceux qui feront rencontrés fur les frontières fortant des terres de l'obéiffance de Sa Majefté pour paffer dans les pays étrangers, d'être arrêtés & punis comme déferteurs ; & à ceux qui s'arrêteront dans les villages de la route ou des environs, d'être traités comme vagabonds, à moins qu'ils n'y euffent trouvé du travail & qu'ils n'y foient employés de l'aveu des Officiers de la Communauté, auxquels ils feront obligés de fe préfenter pour en avoir des certificats en cas de befoin. Enjoint Sa Majefté aux Prévôts généraux des Maréchauffées, de veiller à ce que lefdits Soldats ne s'attroupent point, & d'arrêter & mettre en prifon ceux qui feroient le moindre défordre, pour être punis fans délai, fuivant la nature des délits.

L X X X I X.

Armement des réformés, remis aux magafins du Roi.

LES épées, fufils, baïonnettes & équipemens des Soldats réformés, feront remis par les foins des Commiffaires des guerres, dans les magafins de la Place la plus prochaine : l'intention de Sa Majefté étant que les Gardes-magafins s'en chargent au bas des inventaires, fignés defdits Commiffaires des guerres, & qu'il en foit envoyé des doubles au Secrétaire d'État ayant le département de la guerre.

X C

Décompte des appointemens & folde ordonnés.

L'INTENTION de Sa Majefté eft que le décompte des appointemens & folde qui feront dûs aux Officiers & Soldats réformés defdits régimens, leur foit fait jufques

&

& compris le jour de leur réforme, quand bien même ils feroient abfens par femeftre ou par congé.

X C I.

L'Inspecteur donnera fes ordres pour que les dettes perfonnelles des Officiers réformés, & les fommes qu'ils pourront devoir à l'État-major, foient prélevées fur ce qui leur fera dû d'appointemens; & fi cette fomme ne fuffifoit point, il déclarera de la part de Sa Majefté qu'elles feront retenues & payées fur les penfions & appointemens de ceux defdits Officiers, auxquels Sa Majefté en auroit accordé.

jufqu'au jour de la réforme.

Dettes perfonnelles ou de l'État-major, comment acquittées.

X C I I.

Les Colonels, Lieutenans-colonels, Majors & Commandans de bataillons des régimens incorporés, feront réformés, ainfi que tous les autres Officiers de l'État-major; à la réferve des Aides-majors qui conferveront leur emploi dans le régiment où leur bataillon aura été incorporé.

État-major des régimens incorporés, réformé, à la réferve des Aides-majors.

X C I I I.

Les Colonels jouiront de quinze cents livres de penfion fur le Tréfor royal jufqu'à ce qu'ils foient remplacés. Sa Majefté donnera de plus fes ordres pour leur faire rembourfer le prix de leurs régimens, s'ils l'ont payé, fur le pied qu'Elle a fixé.

Penfions de réforme des Colonels.

X C I V.

Tous les autres Officiers réformés, jouiront en penfions fur le Tréfor royal; favoir, les Lieutenans-colonels de douze cents livres, les Commandans de bataillons & les Majors de huit cents livres, les Capitaines de Fufiliers qui auront vingt ans de fervice de quatre cents livres, ceux qui n'auront pas vingt ans de fervice de trois cents livres feulement; voulant au furplus Sa Majefté que lefdites penfions ne foient payées qu'à ceux defdits Officiers qui fe retireront chez eux & non ailleurs, & qui s'y emploîront à la levée du bataillon de recrue qui y fera affemblé.

Penfions de réforme des autres Officiers.

Infant. franç. 1762.   H

X C V.

A l'égard des Lieutenans ou Enfeignes qui feront réformés, Sa Majefté entend qu'ils fe retirent dans leurs provinces, pour y remplir les emplois qu'Elle leur deftine ; fe réfervant de leur faire connoître fes intentions fur cet objet, lorfqu'on lui aura rendu compte de leurs fervices & de leurs talens.

X C V I.

VEUT & entend Sa Majefté que les Colonels des régimens confervés, foient tenus de propofer, pour les compagnies qui viendront à vaquer, les Capitaines réformés, foit de leurs régimens, foit de ceux qui y auront été incorporés ; Sa Majefté approuvant cependant qu'après dix ans écoulés, du jour de la préfente Ordonnance, les Lieutenans des régimens foient nommés aux compagnies, fuivant leur rang

X C V I I.

ENTEND auffi Sa Majefté que fi, parmi les Lieutenans ou Enfeignes réformés, il s'en trouvoit qui fuffent fortis de l'École militaire, ils foient remplacés, par préférence à tous nouveaux fujets, aux premiers emplois qui viendront à vaquer dans tous les régimens indiftinctement, & qu'en attendant ils jouiffent chez eux de deux cents livres d'appointemens.

X C V I I I.

L'INTENTION de Sa Majefté eft qu'il foit dreffé par les Commiffaires des guerres qui feront préfens à l'exécution de la préfente Ordonnance, des procès-verbaux de la nouvelle compofition des régimens qui y eft prefcrite : voulant Sa Majefté que la Solde & la Maffe réglées aient lieu, à commencer du jour & de la date defdits procès - verbaux, dont il fera remis un double, figné defdits Commiffaires des guerres, aux Tréforiers ; voulant auffi Sa Majefté qu'il en foit envoyé des doubles au Secrétaire d'Etat ayant le département de la guerre.

X C I X.

A COMMENCER du jour de la nouvelle compofition

de chacun defdits régimens, les journées d'Hôpitaux feront toutes paffées au compte de Sa Majefté , fur les états arrêtés par les Commiffaires des guerres chargés de la police defdits Hôpitaux, lefquels feront tenus de faire mention , fur lefdits états, des nom , furnom & nom de guerre de chacun des Soldats qui fe trouveront dans lefdits Hôpitaux, du nom de leurs régiment & compagnie, de l'époque de leur entrée à l'Hôpital, de l'époque de leur fortie ou de leur mort; & d'envoyer ces états au Secrétaire d'État ayant le département de la guerre, qui n'ordonnera le payement defdites journées, qu'en exécution defdits états, & non autrement.

C.

DÉCLARE Sa Majefté qu'à commencer du même jour, Elle ne fera plus payer les fix fous de fortie, qu'il étoit d'ufage de donner aux Entrepreneurs des Hôpitaux, pour avoir foin de l'habillement & de l'armement des Soldats qui y entroient; fe réfervant Sa Majefté de charger defdits effets le Garde-magafin de chaque Place, qui en répondra au Commiffaire des guerres chargé de la police de l'Hôpital : Enjoignant Sa Majefté auxdits Gardes-magafins de fe conformer, en tout point, aux règlemens & aux inftructions qu'Elle leur fera remettre, fous peine de répondre, en leur propre & privé nom, de tous les effets qui feront perdus.

C I.

A l'égard des Officiers qui feront traités dans les Hôpitaux de Sa Majefté, ils continueront d'y payer fur leurs appointemens, le prix qui eft réglé pour leurs journées: Dérogeant Sa Majefté à toutes les difpofitions des précédentes Ordonnances, qui fe trouveront contraires à la préfente.

MANDE & ordonne Sa Majefté aux Officiers généraux ayant commandement, fur fes Troupes, aux Gouverneurs & Lieutenans généraux dans fes provinces, aux Gouverneurs & Commandans de fes villes & places, aux

Infpecteurs généraux de fon Infanterie, aux Intendans dans fes provinces & fur fes frontières, aux Commiffaires des guerres & à tous autres fes Officiers qu'il appartiendra, de tenir la main à l'exécution de la préfente Ordonnance. FAIT à Verfailles le dix décembre mil fept cent foixante-deux. *Signé* LOUIS. *Et plus bas*, LE DUC DE CHOISEUL.

ÉTAT *arrêté par le Roi, de l'Uniforme que Sa Majefté a réglé pour l'Habillement & Équipement des Régimens de fon Infanterie françoife.*

PICARDIE.

Habit, vefte, paremens, revers & collet de drap blanc piqué de bleu, culotte de tricot de même couleur, doubles poches en long garnies de neuf boutons chacune, en patte-d'oie, quatre fur la manche, cinq à chaque revers, & quatre en deffous: les boutons jaunes, collés & maftiqués fur buis, forme plate, avec le n.° 1.er

Chapeau bordé d'or.

CHAMPAGNE.

Habit, vefte, paremens, revers & collet de drap blanc piqué de bleu, culotte de tricot de même couleur, doubles poches en long garnies de fix boutons chacune, à diftance égale, quatre fur la manche, cinq au revers & quatre en deffous: les boutons jaunes, collés & maftiqués fur buis, forme plate, avec le n.° 2.

Chapeau bordé d'or.

NAVARRE.

Habit, vefte, paremens, revers & collet de drap blanc, piqué de bleu, culotte de tricot de même couleur, poches carrées en écuffon garnies de neuf boutons, dont quatre de chaque côté, & un à la pointe de l'écuffon, cinq fur la manche & un en dedans du parement, cinq au revers & quatre au-deffous: boutons jaunes, forme plate, avec le n.° 3.

Chapeau bordé d'or.

PIÉMONT.

Habit & vefte de drap blanc piqué de bleu, culotte de tricot de même couleur, paremens, revers & collet de panne noire, pattes en travers, à demi-écuffon, garnies de cinq boutons, dont un à chacun des quatre angles, & un à la pointe du milieu de l'écuffon, trois fur la manche & un en dedans du parement, cinq au revers & quatre en deffous: boutons jaunes, collés & maftiqués fur buis, forme plate, avec le n.° 4.

Chapeau bordé d'or.

NORMANDIE.

NORMANDIE.

Habit & vefte de drap blanc piqué de bleu, culotte de tricot gris-blanc, paremens, revers & collet de panne noire, pattes en travers garnies de trois boutons, trois fur la manche, cinq au revers & quatre en deffous : les boutons blancs, collés & maftiqués fur buis, forme plate, avec le n.° 5.

Chapeau bordé d'argent.

LA MARINE.

Habit, vefte & revers de drap blanc piqué de bleu, culotte de tricot gris-blanc, paremens & collet de panne noire, pattes ordinaires en travers garnies de trois boutons, trois fur le parement & un dedans, cinq au revers & quatre au-deffous : boutons jaunes, forme plate, avec le n.° 6.

Chapeau bordé d'or.

BÉARN.

Habit, vefte, paremens & revers de drap gris-blanc piqué de bleu, culotte de tricot blanc, collet rouge écarlate, poches en travers garnies de trois boutons, autant fur la manche, cinq au revers & quatre en deffous : boutons jaunes, forme plate, avec le n.° 7.

Chapeau bordé d'or.

BOURBONNOIS.

Habit, vefte, paremens, collet & revers de drap blanc, culotte de tricot de même couleur, doubles poches en long garnies de fix boutons, de deux en deux, l'une des deux pattes, vers les plis de l'habit, plus courte d'un pouce que l'autre, quatre boutons fur la manche, cinq au revers & quatre en deffous : boutons jaunes unis, forme plate, avec le n.° 8.

Chapeau bordé d'or.

AUVERGNE.

Habit & vefte de drap gris-blanc, culotte de tricot de même couleur, paremens, revers & collet violets, pattes ordinaires garnies de trois boutons, autant fur la manche, cinq au revers & quatre en deffous : boutons blancs unis, avec le n.° 9.

Chapeau bordé d'argent.

FLANDRE.

Habit & vefte de drap blanc, culotte de tricot de même couleur, paremens, revers & collet violets, pattes ordinaires garnies de trois boutons, autant fur le parement, cinq au revers & quatre en deffous : boutons jaunes unis, forme plate, avec le n.° 10.

Chapeau bordé d'or.

GUYENNE.

Habit, vefte, revers & paremens de drap blanc, collet rouge, culotte de tricot blanc, la poche en long garnie de trois boutons, trois fur la manche & un en-dedans, cinq au revers & quatre en deffous : boutons jaunes unis, avec le n.° 11.

Chapeau bordé d'or.

DU ROI.

Habit gris-blanc garni de neuf agrémens aurores & autant de boutons jaunes, paremens bleus avec trois agrémens & boutons, poches en travers garnies de trois agrémens & boutons; veste bleue garnie de vingt agrémens aurores & autant de boutons, poches garnies de cinq agrémens & boutons; doublure de l'habit bleue, celle de la veste en toile rousse, culotte de tricot blanc.

Chapeau bordé d'or.

ROYAL.

Habit & veste de drap blanc, paremens, revers & collet bleus, culotte de tricot blanc, doubles poches en long garnies de trois boutons chacune, trois sur la manche, cinq au revers & quatre en dessous: boutons blancs unis, avec le n.° 13.

Chapeau bordé d'argent.

POITOU.

Habit, revers, veste & culotte blancs, paremens & collet bleus, doubles poches en long avec chacune six boutons de deux en deux, quatre aussi de deux en deux sur les manches, cinq au revers, un détaché & quatre de deux en deux, quatre en dessous: boutons jaunes unis, avec le n.° 14.

Chapeau bordé d'or.

LYONNOIS.

Habit, veste & culotte blancs, paremens, revers & collet rouges, doubles poches en long garnies chacune de trois boutons, autant sur la manche, cinq au revers & quatre en dessous, boutons jaunes, avec le n.° 15.

Chapeau bordé d'or.

DAUPHIN.

Habit, collet, veste & culotte blancs, paremens & revers bleus, une seule poche en long de chaque côté garnie de neuf boutons en patte-d'oie, six petits boutons sur chaque parement, cinq au revers & quatre en dessous: boutons jaunes, avec le n.° 16.

Chapeau bordé d'or.

AUNIS.

Habit, paremens, veste & culotte blancs, revers & colet rouges, poches à l'ordinaire garnies de cinq boutons, autant aux paremens, cinq aux revers & quatre en dessous: boutons blancs unis, avec le n.° 17.

Chapeau bordé d'argent.

TOURAINE.

Habit, veste & culotte blancs, paremens, revers & collet bleus, la poche en long garnie de six boutons, trois sur la manche, cinq au revers & quatre au-dessous: boutons blancs, avec le n.° 18.

Chapeau bordé d'argent.

AQUITAINE.

Habit, veste & culotte blancs, paremens, revers & collet bleus, poche ordinaire avec cinq boutons, quatre fur les paremens & un en dedans, cinq au revers & quatre en deffous: boutons jaunes, avec le n.° 19.

Chapeau bordé d'or.

E U.

Habit, revers, vefte & culotte blancs, collet & paremens bleus, poche ordinaire avec trois boutons, autant fur la manche, quatre au revers & autant en deffous: boutons jaunes, forme plate, avec le n.° 20.

Chapeau bordé d'or.

D A U P H I N É.

Habit, vefte & culotte blancs, paremens, revers & collet cramoifis, pattes en demi-écuffon garnies de fept boutons, trois en hauteur de chaque côté & un à la pointe, trois fur la manche, quatre au revers & quatre en deffous: boutons jaunes plats, avec le n.° 21.

Chapeau bordé d'or.

I S L E-D E-F R A N C E.

Habit, collet, vefte & culotte blancs, paremens & revers rouges, doubles poches en long garnies chacune de fix boutons de deux en deux, trois fur la manche, quatre au revers & quatre en deffous: boutons jaunes & plats, avec le n.° 22.

Chapeau bordé d'or.

S O I S S O N N O I S.

Habit, revers, culotte & vefte blancs, paremens & collet rouges, patte ordinaire garnie de trois boutons, autant fur la manche, quatre au revers & quatre en deffous: boutons jaunes & plats, avec le n.° 23.

Chapeau bordé d'or.

L A R E I N E.

Habit, vefte & culotte blancs, paremens, revers & collet rouges, pattes en écuffon garnies de huit boutons, dont quatre fur la hauteur de chaque côté, trois fur la manche, quatre au revers & quatre en deffous: boutons blancs & plats, avec le n.° 24.

Chapeau bordé d'argent.

L I M O S I N.

Habit, vefte & culotte blancs, paremens & revers rouges, collet blanc, patte ordinaire garnie de quatre boutons, autant fur la manche, quatre au revers & quatre en deffous: boutons jaunes & plats, avec le n.° 25.

Chapeau bordé d'or.

R O Y A L-V A I S S E A U X.

Habit, vefte & culotte blancs, paremens, collet & revers bleus, doubles poches en long garnies de trois boutons chacune, quatre boutons au revers, quatre en deffous, autant fur la manche: boutons jaunes & plats, avec le n.° 26.

Chapeau bordé d'or.

ORLÉANS.

Habit, collet, revers, culotte & veste blancs, paremens rouges, pattes ordinaires garnies de quatre boutons, autant sur la manche, quatre au revers & quatre dessous : boutons jaunes & plats, avec le n.° 27.

Chapeau bordé d'or.

LA COURONNE.

Habit, veste & culotte blancs, paremens, collet & revers bleus, pattes ordinaires garnies de trois boutons, autant sur le parement, quatre au revers & autant en dessous : boutons blancs & plats, avec le n.° 28.

Chapeau bordé d'argent.

BRETAGNE.

Habit, paremens, veste & culotte blancs, revers & collet noirs, pattes ordinaires garnies de quatre boutons, autant sur la manche, quatre aux revers & autant en dessous : boutons jaunes & plats, avec le n.° 29.

Chapeau bordé d'or.

GARDES-LORRAINE.

Habit, collet, paremens & revers bleus, doublure, veste & culotte blanche, pattes ordinaires garnies de trois boutons, autant sur la manche, quatre aux revers & quatre au dessous : boutons blancs & plats, n.° 30.

Chapeau bordé d'argent.

ARTOIS.

Habit, paremens, revers, veste & culotte blancs, collet bleu, pattes en écusson garnies de neuf boutons, trois sur la hauteur de chaque côté & trois en bas, presque en triangle, trois sur les manches, quatre aux revers & quatre au-dessous : boutons jaunes & plats, avec le n.° 31.

Chapeau bordé d'or.

BERRY.

Habit, revers, veste & culotte blancs, paremens & collet cramoisi, poches ordinaires garnies de trois boutons, autant sur la manche, quatre au revers, quatre au dessous : boutons jaunes & plats, avec le n.° 32.

Chapeau bordé d'or.

HAYNAULT.

. Habit, veste & culotte blancs, paremens, revers & collet jaune-citron, patte ordinaire garnie de trois boutons, autant sur la manche, quatre au revers & autant dessous : boutons blancs & plats, avec le n.° 33.

Chapeau bordé d'argent.

LA SARRE.

Habit, collet, revers, veste & culotte blancs, paremens bleus, patte ordinaire garnie de trois boutons, autant à la manche, quatre au revers & autant au-dessous : boutons jaunes & plats, avec le n.° 34.

Chapeau bordé d'or.

LA FÈRE.

LA FERE.

Habit, collet, vefte & culotte blancs, paremens & revers rouges, patte ordinaire garnie de trois boutons, autant fur la manche, quatre au revers & quatre au-deffous: boutons blancs & plats, avec le n.° 35.

Chapeau bordé d'argent.

ROYAL-ROUSSILLON.

Habit, vefte & culotte blancs, paremens, revers & collet verd-faxe, patte ordinaire garnie de trois boutons, trois fur la manche, quatre au revers, quatre au-deffous, boutons jaunes & plats, avec le n.° 37.

Chapeau bordé d'or.

CONDÉ.

Habit, vefte & culotte blancs, paremens, revers & collet ventre-de-biche, patte ordinaire garnie de cinq boutons, autant fur la manche, quatre au revers & quatre au-deffous: boutons jaunes & plats, avec le n.° 38.

Chapeau bordé d'or.

BOURBON.

Habit, vefte & culotte blancs, paremens, revers & collet rouges, doubles poches en long garnies chacune de neuf boutons en patte d'oie, trois au parement, quatre au revers & quatre au-deffous, boutons blancs & plats, avec le n.° 39.

Chapeau bordé d'argent.

BEAUVOISIS.

Habit, vefte, paremens & culotte blancs, collet & revers verts, doubles poches en long garnies chacune de quatre boutons à diftance égale, trois fur la manche, quatre au revers & quatre au-deffous: boutons blancs & plats, avec le n.° 41.

Chapeau bordé d'argent.

ROUERGUE.

Habit, paremens, collet, vefte & culotte blancs, revers verts, patte ordinaire garnie de trois boutons, autant fur le parement, quatre au revers & quatre au-deffous: boutons jaunes & plats, avec le n.° 42.

Chapeau bordé d'or.

BOURGOGNE.

Habit, revers, vefte & culotte blancs, collet & paremens verts, patte ordinaire garnie de trois bontons, autant fur la manche, quatre au revers & quatre au-deffous: boutons jaunes & plats, avec le n.° 43.

Chapeau bordé d'or.

ROYAL-LA-MARINE.

Habit, collet, revers, vefte & culotte blancs, paremens verts, patte ordinaire garnie de trois boutons, autant fur la manche, quatre au revers & quatre au-deffous: boutons blancs & plats, avec le n.° 44.

Chapeau bordé d'argent.

VERMANDOIS.

Habit, paremens, revers, vefte & culotte blancs, collet vert, doubles poches en long avec un paffe-poil verd, garnies chacune de fix boutons de deux en deux, trois fur la manche, quatre au revers & quatre au-deffous: boutons jaunes & plats, avec le n.° 45.

Chapeau bordé d'or.

LANGUEDOC.

Habit, paremens, vefte & culotte blancs, revers & collet verts, pattes plus larges que hautes garnies de fix boutons, trois de chaque côté, trois fur la manche de l'habit, quatre au revers & quatre au-deffous: boutons jaunes, avec le n.° 53.

Chapeau bordé d'or.

BEAUCE.

Habit, vefte & culotte blancs, paremens, revers & collet verts, patte ordinaire plus échancrée, garnie de cinq boutons dont un à chaque coin & un dans le milieu, trois fur la manche, quatre au revers & quatre au-deffous: boutons jaunes, avec le n.° 54.

Chapeau bordé d'or.

MÉDOC.

Hablit, vefte & culotte, paremens & collet blancs, revers vert, patte ordinaire garnie de trois boutons, autant fur la manche, quatre au revers & quatre au-deffous: boutons blancs, avec le n.° 56.

Chapeau bordé d'argent.

VIVARAIS.

Habit, revers, collet, vefte & culotte blancs, paremens verts, une poche en long garnie de trois boutons, trois fur la manche, quatre au revers & quatre au-deffous: boutons jaunes, avec le n.° 57.

Chapeau bordé d'or.

VEXIN.

Habit, vefte & culotte blancs, paremens, revers & collet verts, une poche en long, garnie de quatre boutons, dont deux au-milieu, trois boutons fur la manche, quatre petits au revers & quatre gros au-deffous: boutons jaunes & plats, avec le n.° 58.

Chapeau bordé d'or.

ROYAL-COMTOIS.

Habit, revers, vefte & culotte blancs, collet & paremens verts, doubles poches en long garnies de cinq boutons, dont un au milieu & deux à chaque bout, placés en ligne droite fur la largeur de la patte, trois fur la manche, quatre au revers & quatre au-deffous: boutons jaunes, avec le n.° 59.

Chapeau bordé d'or.

BEAUJOLOIS.

Habit, paremens, vefte & culotte blancs, revers & collet verts, poche en écuſſon, plus large que haute, garnie de cinq boutons en patte-d'oie, dont un à chaque coin, précédés de boutonnières en biais, & un au milieu, trois ſur le parement, quatre au revers & quatre au-deſſous: boutons jaunes, avec le n.° 60.

Chapeau bordé d'or.

PROVENCE.

Habit, revers, veſte & culotte blancs, collet & paremens verts, une patte en long garnie de trois boutons, ſix petits boutons en chapelet ſur la manche, quatre au revers & quatre au-deſſous: boutons blancs, avec le n.° 61.

Chapeau bordé d'argent.

PENTHIÉVRE.

Habit, revers, veſte & culotte blancs, collet & paremens bleus, la poche en long garnie de trois boutons, à diſtance égale, autant ſur la manche, quatre au revers & autant au-deſſous: boutons blancs & plats, avec le n.° 64.

Chapeau bordé d'argent.

BOULONNOIS.

Habit, revers, paremens, veſte & culotte blancs, collet vert, pattes en écuſſon garnies de ſix boutons, dont deux de chaque côté & deux au milieu, trois ſur la manche, quatre petits au revers & quatre gros boutons en-deſſous: boutons blancs, avec le n.° 65.

Chapeau bordé d'argent.

ANGOUMOIS.

Habit, paremens, collet, veſte & culotte blancs, revers verts, pattes en long garnies de quatre boutons, dont deux au milieu, trois ſur la manche, quatre petits au revers, quatre au-deſſous: boutons blancs, avec le n.° 66.

Chapeau bordé d'argent.

PÉRIGORD.

Habit, revers, veſte & culotte blancs, paremens & collet verts, pattes ordinaires garnies de trois boutons, autant ſur la manche, quatre petits au revers, quatre au-deſſous: boutons blancs, avec le n.° 67.

Chapeau bordé d'argent.

SAINTONGE.

Habit, collet, veſte & culotte blancs, paremens & revers verts, pattes ordinaires garnies de cinq boutons, dont un à chaque coin de la patte, & un au milieu, trois ſur la manche, quatre petits au revers, quatre au-deſſous: boutons blancs, avec le n.° 68.

Chapeau bordé d'argent.

FORÈS.

Habit, paremens, veſte & culotte blancs, revers & collet verts, pattes ordinaires garnies de trois boutons, autant fur la manche, quatre petits au revers, quatre gros au-deffous : boutons blancs, avec le n.° 69.

Chapeau bordé d'argent.

C A M B R E S I S.

Habit, collet, revers, vefte & culotte blancs, paremens verts, pattes ordinaires garnies de cinq boutons, trois fur chaque manche, quatre au revers & quatre au-deffous : boutons jaunes, avec le n.° 70.

Chapeau bordé d'or.

T O U R N A I S I S.

Habit, vefte & culotte blancs, collet, paremens & revers verts, poches en long garnies de cinq boutons, les trois du milieu en patte - d'oie, trois fur la manche, quatre petits au revers & quatre gros au - deffous : boutons blancs & plats, avec le n.° 71.

Chapeau bordé d'argent.

F O I X.

Habit, paremens, collet, vefte & culotte blancs, revers verts, la poche en long garnie de neuf boutons en patte-d'oie, trois fur la manche, quatre petits au revers, & quatre gros au-deffous : boutons jaunes & plats, avec le n.° 72.

Chapeau bordé d'or.

Q U E R C Y.

Habit, paremens, collet, vefte & culotte blancs, revers verts, la poche en long garnie de neuf boutons en patte-d'oie, trois fur la manche, quatre petits au revers, & quatre gros au-deffous : boutons blancs & plats, avec le n.° 73.

Chapeau bordé d'argent.

C O M T E - D E - L A - M A R C H E.

Habit, revers, vefte & culotte blancs, collet & paremens violets, pattes ordinaires garnies de cinq boutons, trois fur la manche, quatre au revers & quatre au-deffous : boutons jaunes, avec le n.° 74.

Chapeau bordé d'or.

C H A R T R E S.

Habit, revers, vefte & culotte blancs, paremens & collet rouges, poches en écuffon plus larges que hautes, garnies de cinq boutons en patte-d'oie, dont un à chacun des quatre coins, précédés des boutonnières en biais, & un au milieu ; trois boutons fur la manche & un en - dedans, quatre au revers & quatre en-deffous : boutons jaunes, avec le n.° 81.

Chapeau bordé d'or.

C O N T Y.

Habit, collet, paremens, vefte & culotte blancs, revers bleus, pattes ordinaires garnies de trois boutons, autant fur la manche, quatre au revers & quatre au-deffous : boutons blancs, avec le n.° 82.

Chapeau bordé d'argent.

E N G H I E N.

E N G H I E N.

Habit, revers, veſte & culotte blancs ; paremens & collet rouges, doubles poches en long garnies de cinq boutons, trois au milieu & un à chaque extrémité, cinq ſur la manche, quatre au revers & quatre au-deſſous; boutons blancs, avec le n.° 8j.

Chapeau bordé d'argent.

Le Colonel portera une épaulette de chaque côté en or ou argent, ſelon la couleur du bouton blanc ou jaune affecté au régiment, ornée de frange riche à nœuds de cordelières.

Le Lieutenant-colonel portera à gauche une ſeule épaulette de même, garnie de frange comme celles du Colonel.

Le Major portera une épaulette de chaque côté en or ou en argent, ornée de frange ſeulement ſans graine d'épinards ou nœuds de cordelières.

Le Capitaine, & l'Aide-major qui aura commiſſion de Capitaine, porteront une épaulette en or ou en argent, ornée de frange ſeulement comme celles du Major.

Le Lieutenant ne pourra porter l'épaulette pleine en argent, elle ſera loſangée de carreaux de ſoie jaune ou blanche, de ſorte que ſi le bouton eſt jaune, le fond de l'épaulette ſera en or loſangé de ſoie blanche; ſi au contraire le bouton eſt blanc, le fond de l'épaulette ſera en argent loſangé de ſoie jaune; la frange ſera mêlée d'or, ou d'argent & de ſoie.

Le Sous-lieutenant portera l'épaulette à fond de ſoie jaune ou blanche, ſelon la couleur affectée à chaque régiment, avec des carreaux d'or ou d'argent en oppoſition à la couleur du fond de l'épaulette.

Le Porte-drapeau portera l'épaulette à fond de ſoie jaune ou blanche, liſérée d'or ou d'argent.

L'habillement des Sergens, Caporaux, Appointés & Soldats de tous les régimens d'Infanterie françoiſe indiſtinctement, à l'exception du régiment des Grenadiers de France & de celui des Gardes-Lorraine, qui continueront de porter le juſtau-corps bleu, ſera compoſé,

S A V O I R :

Le juſtaucorps & la veſte de drap gris-blanc, piqué de bleu, doublés de cadis ou ſerge blanche, avec paremens & revers des couleurs réglées pour chaque Corps, garnis de la quantité & espèce de boutons fixée & déterminée pour chaque régiment.

Les revers pour tous les régimens d'Infanterie françoise, auront treize pouces de long sur trois pouces & demi de large, & seront garnis de petits boutons de veste, en nombre fixé & déterminé pour chaque corps.

Le collet aura quatre pouces de largeur pour qu'il en demeure en dehors trois apparens.

Les culottes seront de tricot blanc, doublées de toile.

Tous les Tambours porteront la petite livrée du Roi avec les revers, collets & paremens des couleurs déterminées & réglées pour chaque régiment, coupe des poches & position des boutons ; à l'exception de ceux des régimens de la Reine & des Princes du Sang, qui continueront à porter leurs livrées, en se conformant aux marques distinctives **de** l'uniforme de chaque Corps.

Les boutonnières ne seront faites qu'en poil de chèvre gris-blanc, celui des autres couleurs étant expressément défendu.

L'Officier ne pourra porter, sous nul prétexte que ce soit, aucun galon, ni fil d'or ou d'argent à son uniforme.

Fait à Versailles, le dix décembre mil sept cent soixante-deux. *Signé* LOUIS. *Et plus bas,* LE DUC DE CHOISEUL.